AF330694

DU GOUVERNEMENT DÉFINITIF
DE LA FRANCE

MON DISCOURS

A

L'ASSEMBLÉE NATIONALE

SI J'ÉTAIS DÉPUTÉ

par

GEORGES ROMAIN

Auteur de l'Opinion de Bismarck, etc.

PARIS

F. WATTELIER, ÉDITEUR

19, RUE DE SÈVRES.

DU GOUVERNEMENT DÉFINITIF

DE LA FRANCE

MON DISCOURS

A

L'ASSEMBLÉE NATIONALE

SI J'ÉTAIS DÉPUTÉ

PARIS

F. WATTELIER, ÉDITEUR

19, RUE DE SÈVRES

DU GOUVERNEMENT

DÉFINITIF

DE LA FRANCE

———

MON DISCOURS

A

L'ASSEMBLÉE NATIONALE

SI J'ÉTAIS DÉPUTÉ.

———

Extrait du compte rendu de la séance du...

———

M. LE PRÉSIDENT.—La parole est à M. Georges Romain.

M. GEORGES ROMAIN. — Depuis deux ans, Messieurs, vous avez travaillé avec ardeur à guérir les blessures de la France, à relever sa puissance militaire, à réorganiser les services publics, à préparer par des lois salutaires la régénération future de notre patrie mutilée par l'étranger, mais plus meurtrie encore, depuis un siècle, par des Français qui osent se vanter du titre de révolutionnaires.

UN MEMBRE A GAUCHE. — C'est une indignité de dire que des Français nous ont fait plus de mal que les Prussiens.

M. GEORGES ROMAIN. — Qui donc, ici, est assez ignorant de la situation morale de notre patrie pour contester que l'esprit révolutionnaire nous ait fait plus de mal que l'étranger? L'invasion prussienne est un fait accidentel et passager, dont nous commençons à nous relever. L'invasion révolutionnaire est périodique. Elle nous a conduits, en politique, à l'anarchie; en religion, au paganisme.

Les révolutionnaires mettent leurs intérêts et ceux de leur parti avant ceux de la France. Pour eux la révolution est une carrière, un moyen d'arriver. Qu'importe à ces charlatans que la France, devenue, entre leurs mains, l'objet de la risée ou des défiances de l'Europe, reste sans alliances? Que leur importe la ruine du commerce, la misère des classes ouvrières, la guerre civile et le sang répandu de leurs compatriotes? S'ils réussissent, ils possèdent le pouvoir, objet de leurs convoitises. S'ils échouent, ils s'en vont vivre tranquillement à Londres ou à Genève, après avoir fait massacrer ou déporter les dupes qui les ont écoutés.

Au point de vue religieux, ces prétendus Messies politiques sont plus dangereux encore. Instinctivement ennemis de la religion comme de l'État, ils nous font rétrograder de vingt siècles, en arrachant le christianisme du cœur du peuple. Leurs *solidaires* sont des païens ignorants qui veulent que l'homme entre dans la vie et qu'il en sorte comme une brute, qu'il s'accouple comme une bête, sans que jamais un symbole religieux vienne lui rappeler ses rapports avec un Dieu créateur et providence.

Voilà quelles sont les vues et les tendances de ceux qui, en France, s'intitulent révolutionnaires, socialistes, radicaux. Et je n'aurais pas le droit de dire qu'ils nous ont fait plus de mal que l'étranger!

Sans doute le casque à pointe des Prussiens m'est odieux; mais il a un avantage sur le bonnet phrygien des révolutionnaires français, c'est sa belle devise : Avec Dieu, pour le Roi et la Patrie. Ceux qui sont coiffés du bonnet phrygien ne veulent ni Dieu ni Roi. Quant à la Patrie, ce n'est, dans leur bouche, qu'un mot hypocrite, comme le mot fraternité, à demi lisible encore sur nos palais calcinés. Les mêmes mains qui l'avaient écrit l'ont effacé avec le pétrole.

La démagogie en France est à la fois idiote et criminelle. Elle déraisonne, elle brûle, elle assassine. Elle nous fait reculer jusqu'à la barbarie.

Je le répète très-haut, si nous sommes aujourd'hui sur la voie de la décadence, c'est à l'esprit révolutionnaire que nous le devons. Si la France reprend un jour son rang et son influence dans le monde, ce sera quand tous les honnêtes gens se ligueront pour étouffer le monstre de la révolution, l'ennemi permanent de la patrie ; ce sera lorsque la France sera revenue aux principes et aux traditions qui ont fait sa force et sa grandeur pendant tant de siècles ; aux principes et aux traditions qui font la puissance de son vainqueur ; aux principes et aux traditions qui ont fait tous les États durables et prospères, en un mot, à la monarchie héréditaire, au respect de la religion et des lois.

Tant que nous n'en serons pas revenus là, notre malheureuse patrie oscillera entre l'anarchie et le despotisme ; elle sera la victime des bavards intrigants qui la sacrifient à leur ambition, et se moquent du peuple en se servant de lui.

Voilà ma réponse à mon honorable interrupteur. Je reviens à mon sujet.

Je complimentais l'Assemblée des travaux importants qu'elle a accomplis. Jamais assemblée politique ne fut plus honnête, plus patriotique, plus sincèrement libérale. La loi sur la garde nationale, la loi militaire, la loi sur l'Internationale et tant d'autres sont le gage de notre relèvement matériel et moral dans l'avenir. Indépendamment de la loi électorale, d'autres lois sont préparées et étudiées par de nombreuses commissions.

Mais ces lois salutaires ne serviraient de rien, si la France, restant sous le régime provisoire où nous sommes, laissant à chacun des partis l'espoir de triompher, restait elle-même divisée entre eux. La loi fondamentale du pays reste à faire : la France attend sa constitution définitive.

UN MEMBRE A GAUCHE. — Le régime actuel est définitif.

M. GEORGES ROMAIN. — Je ne pense pas que mon honorable interrupteur ait la prétention de décider cela à lui seul. Dans tous les cas, le régime actuel, s'il est sincèrement appliqué, c'est l'omnipotence de cette chambre avec M. Thiers comme chef du pouvoir exécutif, gouvernant selon la volonté et les vues de la majorité. Est-ce le maintien indéfini de cette Assemblée que désire mon honorable collègue?

Quant à M. Thiers, c'est un homme, ce n'est pas une institution. Si grand, si illustre que l'aient fait son talent, son patriotisme et ses services, il est mortel. Jusqu'ici il a réparé en partie le passé; il n'a pas préparé l'avenir; il est temps d'y songer.

Les quelques individus qui, à Paris, au 4 septembre, ont proclamé la République sans consulter la France, ont usurpé un droit qu'ils n'avaient pas. Aussi, Messieurs, à Bordeaux, vous et M. Thiers, avez expressément réservé l'avenir et vos droits, qui sont ceux de la France. Ne vous inquiétez pas de la volonté arbitraire et despotique des démagogues parisiens. De temps en temps ils imposent à notre patrie un gouvernement escamoté, à la tête duquel ils se mettent sans façon. C'est à vous de faire cesser l'escamotage, de remettre les escamoteurs à leur place et de songer aux intérêts de la France. Vous êtes souverains ! M. Thiers vous l'a dit; ne vous laissez pas détourner du grand œuvre qui sera le couronnement de vos travaux : la constitution définitive de notre patrie.

UN MEMBRE A GAUCHE. — Vous n'en avez pas le droit; vous n'êtes pas constituants.

M. GEORGES ROMAIN. — Comment ! c'est un membre de la gauche qui dit cela ; de la gauche qui demande tous les jours qu'on proclame la République sans appel à la France; de la gauche qui reconnaîtrait ce droit à M. Thiers tout seul, si M. Thiers, manquant à sa parole, osait le faire ! Nos collègues de la gauche seraient-ils comme le chat de La Fontaine, qui regarde tantôt par le gros bout tantôt par le petit bout de la lunette, selon leur intérêt? Ils me permettront alors de ne pas tenir compte de la manière intéressée dont ils manient ce petit instrument. Ils violeraient la légalité dans un intérêt de parti ; je demande de rentrer, par la légalité, dans l'ancien droit public auquel la France a dû sa splendeur, et qui la lui rendrait.

UN MEMBRE A GAUCHE. — La République a ramené l'ordre et réorganisé le pays. Pour en sortir il faut une révolution ; vous êtes un provocateur et un ingrat.

M. GEORGES ROMAIN. — Je répondrai à mon honorable interrupteur que, s'il y avait en France des hommes prêts à faire une révolution pour s'opposer aux décisions souveraines de cette Assemblée, son devoir à lui serait de se joindre à la majorité pour les ramener à l'obéissance par la persuasion et, au besoin, par la force ; car ce seraient de mauvais Français, de faux démocrates, des amis de la Prusse ou de l'Internationale. Je sais qu'il y en a ; ils sont aux aguets, attendant une occasion, cherchant un prétexte pour monter à l'assaut du pouvoir et de l'ordre social. La proclamation de la monarchie, même légale et régulière, pourrait être, pour eux, ce prétexte, je ne me le dissimule pas. Mais depuis quand l'honnête citoyen doit-il abandonner son devoir et renoncer à son droit par égard pour les factieux ? Si les révolutionnaires n'ont pas ce prétexte, ils en trouveront ou en créeront un autre ; car il leur en faut un.

Au 18 mars il ne s'agissait pas de rétablir la monarchie, il n'en était pas question. Les révolutionnaires ont-ils été embarrassés de trouver un prétexte ? Le plus menteur et le plus sot leur a suffi pour s'emparer des canons et établir l'infâme Commune.

Aujourd'hui encore, vous êtes en République. Les républicains proprement dits sont-ils contents de celle que M. Thiers veut fonder ? Non ; car M. Thiers proscrit les souvenirs de la Terreur ; il réprimerait au besoin par la force toute tentative révolutionnaire. Eh bien ! si des factieux vous déclarent la guerre à propos de l'exercice régulier de votre pouvoir souverain, voilà la conduite que vous avez à tenir. Si l'on vous offre la lutte, acceptez-la : vous serez sur un bon terrain ; tous les gens honnêtes et clairvoyants s'uniront à vous pour faire rentrer dans l'ordre et faire taire une bonne fois les brouillons et les fous. Vous ne pouvez rester éternellement dans un provisoire qui inquiète la France et tue les affaires. Il faut arracher de notre plafond politique cette épée de Damoclès. La France attend votre décision. Vous qui la représentez, parlez sans peur et selon vos consciences.

Un membre a gauche. — Vous ne représentez plus la France.

M. Georges Romain. — Nous verrons tout à l'heure si la France du 8 février 1871 est une girouette comme vous l'en accusez. Mais laissez-moi achever ma pensée.

Vous m'avez accusé d'être un provocateur et un ingrat. Vous venez de voir que je ne suis pas un provocateur, mais seulement un député décidé à faire son devoir, sans souci des révolutionnaires qui sont la peste de mon pays. Je ne suis pas davantage un ingrat.

Nous avons retrouvé, il est vrai, une tranquillité relative sous le régime provisoire où nous sommes. Une partie des désastres attirés sur nous par l'incurie de l'Empire est déjà réparée ; notre rançon à la Prusse sera bientôt payée ; le commerce reprend ; nos palais et nos musées ne flambent plus ; les propriétaires ne sont plus obligés de murer les soupiraux de leurs caves pour empêcher d'y verser le pétrole ; on ne voit plus des bataillons d'ivrognes hurlant : « Vive la République ! » et tirant sur l'armée française après avoir refusé de se battre contre les Prussiens. Ils n'ont plus entre les mains de chassepots pour fusiller un général honnête et républicain, qui avait mis leurs turpitudes et leur lâcheté à l'ordre du jour. Le règne de ces brutes est fini, ou du moins interrompu. Il y a donc amélioration dans la situation.

Mais franchement, est-ce à la République qu'il faut en faire honneur ? N'est-ce pas plutôt aux monarchistes qui forment l'immense majorité de cette Chambre, qui n'est républicaine que de nom, sous le régime provisoire, illogique et menteur où nous a mis la surprise du 4 septembre?

La Commune, elle, était composée d'ardents républicains de la veille. Croyez-vous que si elle eût triomphé, la situation serait aujourd'hui la même? que l'emprunt eût eu ce succès qui a étonné l'Europe?

Eh bien! qui a vaincu la Commune? Qui nous a sauvés en nous débarrassant de ces sauvages, de ces incendiaires, de ces assassins? Qui? La majorité monarchiste, que les journaux républicains qualifiaient avec mépris de *Versaillais*, comme ils qualifiaient de *ruraux* les honnêtes et laborieux paysans qui sont et font la fortune de la France.

Que mes honorables collègues de la gauche me permettent de le leur dire : ceux d'entre eux qui n'ont pris aucune part à la Commune n'ont pas témoigné assez d'horreur pour elle. Plusieurs ont plaidé en sa faveur les circonstances atténuantes et y avaient des amis. Ils ont eu pour ceux-ci les ménagements qu'on a pour des alliés malheureux, qu'on n'ose avouer pour le moment, mais qu'on peut retrouver à la prochaine lutte.

Il y a sans doute différentes nuances dans le parti républicain; mais l'expérience atteste qu'elles sont toutes solidaires; chez eux la queue emporte toujours la tête, jusqu'à ce que les monarchistes viennent rétablir l'ordre et sauver le pays.

Je ne suis donc pas un ingrat; je ne dois pas de reconnaissance à la République; mais à la majorité de cette chambre qui est royaliste; à M. Thiers qu'elle a nommé, et à notre brave armée qui leur a obéi. Voilà ceux qui nous ont tirés de l'ornière de boue et de sang où nous avaient plongés les républicains de la Commune. Voilà ceux auxquels nous devons le rétablissement de l'ordre, la confection de lois morales et réparatrices, la réorganisation de l'armée et du pays.

Les membres de la gauche de cette chambre, les mieux intentionnés, n'auraient pu ni faire ces lois, ni écraser la Commune. Cela eût exigé des principes opposés aux leurs, et une répression énergique, sanglante même, contre leurs amis de différents degrés; c'eût été contre nature. J'ai donc le droit de conclure que les monarchistes seuls nous ont sauvés. C'est à eux et à eux seuls que je dois et que s'adresse ma reconnaissance; à eux que doit s'adresser celle de tous les hommes droits et clairvoyants. En voulez-vous une preuve? Voyez les votes de la gauche à propos de la suppression de la garde nationale, suppression si bien motivée dans l'excellent rapport du général Chanzy. Voyez ces mêmes votes à propos de la loi sur l'Internationale, et vous vous convaincrez que sans les monarchistes la révolution serait encore, à l'heure qu'il est, *organisée et armée,* prête, à chaque instant, à fondre sur la société.

Encore une fois, les membres de la gauche n'eussent pu tenir une autre conduite sans se déjuger , sans trahir leur mandat; car leurs électeurs, qui ne veulent pas de l'obéissance passive chez le soldat, imposent le mandat impératif à leurs élus.

Ne vous glorifiez donc pas de l'ordre rétabli et du succès de l'emprunt, républicains de bonne foi. Ces deux succès la France les a remportés, non à cause de la République, mais malgré la République, uniquement parce qu'elle était aux mains des monarchistes.

Supposez un état de choses plus logique , c'est-à-dire les monarchistes avec la monarchie, nous eussions fait l'emprunt au pair, comme me le disait un banquier étranger.

Quant à l'ordre provisoirement rétabli, il le serait définitivement. Il eût fallu peut-être le conquérir de haute lutte ; mais cette lutte est inévitable. Au lieu de l'avoir derrière nous, nous l'avons en expectative; c'est un nuage dans le ciel politique de l'avenir. Je ne vois pas ce que nous y avons gagné.

Mais ces digressions m'écartent de mon sujet.

Je disais, Messieurs, que la France attend sa Constitution définitive.

La meilleure sera celle qui assurera le mieux la loyale et complète exécution des lois que vous avez faites, celle qui s'appuiera sur les mœurs et le sentiment intime du pays, non pas du pays factice et ignorant, trompé et exploité par une presse ignorante et perverse, mais du pays honnête et éclairé.

La meilleure constitution sera celle qui donnera satisfaction aux doubles besoins représentés, d'une part, par la tradition, et, de l'autre, par le progrès; celle qui remettra en honneur les principes élevés de morale et de religion qui sont la base et le ciment des États; celle, enfin, qui plaira le plus aux honnêtes gens, et déplaira le plus à la démagogie en la décourageant.

Cette constitution, je voudrais la voir acclamée par tous les membres de cette Assemblée; je voudrais la voir acceptée et obéie par la France entière; car alors nous serions sauvés; notre patrie reprendrait les glorieuses destinées qui forment son histoire.

Royaliste convaincu, je vais tâcher d'exposer les raisons qui me font voir dans le retour à la monarchie héréditaire et légitime la condition du retour à l'ordre au dedans, et à la résurrection de notre puissance au dehors.

Une vérité sur laquelle tout le monde est d'accord, c'est que ce qui fait le malheur de la France, c'est la pluralité des partis qui la divisent : légitimistes, orléanistes, bonapartistes, républicains.

De ces quatre partis, deux seulement représentent un principe : les légitimistes et les républicains. Les premiers, la monarchie héréditaire, mise en harmonie avec les garanties constitutionnelles; les seconds, la souveraineté populaire, c'est-à-dire le système électif appliqué à tous les degrés de l'administration, et notamment au chef du pouvoir exécutif et à la représentation nationale.

Les orléanistes et les bonapartistes ne représentent aucun principe, mais simplement des ambitions et des intérêts personnels. On ne peut se rallier aux d'Orléans et aux Bonaparte que par intérêt ou une affection individuelle. L'orléanisme et le bonapartisme ont été des expédients issus de la ruse, de l'intrigue ou de la violence. Ils ont été des gouvernements *de fait*, voilà tout. C'est là leur tort et leur faiblesse. Leur succès passager peut donner l'idée à tout ambitieux habile d'imiter les tentatives des d'Orléans et des Bonaparte, avec l'espoir de réussir comme eux pour quelque temps. Or l'intrigue triomphante, l'ambition couronnée de succès est un mauvais exemple. Sous son influence la foule, qui n'est pas instruite ou guidée par des principes élevés, finit par confondre le droit avec le fait, et à ne plus estimer que le succès. Ce scandale est démoralisateur pour un peuple, et c'est lui qui a diminué le sens moral, de nos jours.

Si le malheur de la France est dans la pluralité des partis qui la divisent, le devoir de tout bon français est de concourir à en diminuer le nombre, et de faire en sorte qu'un seul, s'il se peut, rallie tous les esprits et tous les cœurs.

Les premiers à éliminer sont naturellement ceux qui ne représentent aucun principe sérieux et élevé; qui n'ont dû leur existence qu'aux moyens révolutionnaires, à la surprise, aux complots, à la félonie, aux coups d'état, au parjure, plus ou moins déguisés.

Les honnêtes gens, qui ont cru pouvoir ou devoir se rallier à des gouvernements de fait, doivent, aujourd'hui que le fait est passé, voir les choses de haut et choisir entre les principes qui survivent, sans s'occuper des personnes qui passent. Quels que soient leurs intérêts, leurs préférences, leurs amitiés même, ils ne doivent écouter que la voix sévère des principes qui rallient, tandis que les intérêts et même les sympathies personnelles les plus respectables, étant variables et opposés, sont un élément de division.

Ainsi renoncement à toute vue personnelle, ralliement à un principe, voilà le devoir d'un bon français dans la situation actuelle, et le point de départ de mon raisonnement.

Cette conduite a, d'emblée, l'avantage de diminuer de moitié les partis et les prétendants.

UN MEMBRE A GAUCHE. — Dites des deux tiers ; la République n'a pas de prétendants.

M. GEORGES ROMAIN. — Comment! la République n'a pas de prétendants! Ils n'en portent pas le nom ; mais ils le sont bel et bien. Il paraît que mon honorable interrupteur n'en est pas un, et je l'en félicite ; mais est-il bien sûr de n'en avoir pas autour de lui? La République est la forme de gouvernement qui crée le plus de prétendants, au contraire.

Sous le régime de la monarchie héréditaire, le fils hérite du trône tous les vingt ans, je suppose. Avec le système électif, tous les trois ou quatre ans dix prétendants peuvent briguer le pouvoir. Vous voyez bien que ce système est celui qui crée le plus de prétendants.

Mais ce n'est pas tout.

Un véritable honnête homme ne brigue pas le pouvoir. Le poëte l'a dit :

Le mérite se cache, il faut l'aller trouver,

et précisément parce qu'il se cache, on le trouve rarement et difficilement. Il y en a tant qui ne se cachent pas, qui montent sur les tréteaux d'un club ou affichent leur candidature dans les colonnes d'un journal ; il y en a tant qui flattent le peuple et lui promettent ce qu'ils savent bien ne pas pouvoir tenir. C'est entre ceux-là que le peuple choisit. Donc la République est le gouvernement qui crée les plus nombreux et les pires prétendants.

Quand donc cessera-t-on de jouer sur les mots? Non, il n'est plus nécessaire d'être prince pour être prétendant. Nous avons fait des progrès sous la démocratie. Tout homme qui a du bagout peut l'être. Il peut viser plus haut qu'au trône ; il peut viser à la dictature, et il y arrive quelquefois.

Une fois éliminés la maison d'Orléans, qui reviendrait plus tard, et celle des Bonaparte désormais impossible, il reste les deux gouvernements de principes opposés : la République et la branche aînée de Bourbon.

UN MEMBRE A GAUCHE. — Le comte de Chambord n'a pas d'enfants : il ne peut fonder une dynastie. Puisque vous ne voulez pas des d'Orléans ni des Bonaparte, ralliez-vous à la République.

M. GEORGES ROMAIN. — Le comte de Chambord n'a pas d'enfants, je le sais. C'est peut-être une disposition providentielle par laquelle Dieu a voulu faciliter le rapprochement entre les deux branches de la maison de Bourbon. Si le comte de Chambord avait une nombreuse descendance, les membres de la branche cadette devraient renoncer à tout jamais au trône. Dans l'état actuel des choses, ils sont sûrs d'y arriver dans l'ordre héréditaire, sans secousses, sans troubles, sans révolution, et c'est là précisément le mérite précieux de l'hérédité. Je n'y vois pas l'intérêt d'une famille, mais l'intérêt de l'Etat, c'est-à-dire du peuple, qui est surtout intéressé à l'ordre et à la stabilité, conditions essentielles du travail.

Supposez le comte de Chambord décédé, les légitimistes, qui sont des hommes de principes et d'honneur, deviennent orléanistes précisément parce qu'ils restent légitimistes, le trône revenant alors au comte de Paris.

C'est pourquoi je ne comprends pas, permettez-moi de le dire, que le comte de Paris n'ait pas encore fait, auprès du chef de la maison de Bourbon, une démarche qui était un devoir personnel d'abord, et surtout un grand acte politique et social, un grand exemple en faveur du principe sauveur de l'hérédité.

En rendant hommage au principe aujourd'hui, il méritait d'en être un jour le bénéficiaire. En refusant cet hommage, il autorise dans l'avenir tout parent ou concurrent à le lui refuser à son tour. C'est ainsi que les vues personnelles et égoïstes vont contre leur but. Si, comme on le dit, M. le duc d'Aumale a empêché son neveu de remplir son devoir auprès du comte de Chambord, il est bien coupable; il a empêché un grand acte, un noble exemple, un puissant moyen d'union, non-seulement entre deux familles, mais entre les deux partis les plus honorables, et où se trouvent les hommes les plus influents par le savoir et la position. Il a empêché peut-être le salut de son pays. Individuellement M. le duc d'Aumale peut être fort respectable ; mais, comme fils, il manque au vœu exprimé par son père le roi Louis-Philippe sur son lit de mort, et, comme français, il a commis, je le dis sans détour, un acte coupable. Il peut nous valoir le retour de Bonaparte ou le maintien de la République. On l'accuse de viser à la Présidence de la République à laquelle il jurerait fidélité comme Napoléon III ; pour moi, je ne puis croire à de pareils projets.

Si le comte de Chambord n'a pas d'enfants, cela ne devrait donc que faciliter la fusion. Dans tous les cas, il n'en reste pas moins l'unique représentant légitime du principe héréditaire, le symbole de la monarchie honnête en France. Indépendamment de son mérite personnel que nul ne conteste, indépendamment de son esprit élevé et de son grand cœur, il représente l'ordre moral et la probité politique dont la notion est obscurcie dans les esprits.

UN MEMBRE A GAUCHE. — Son successeur peut être un incapable ; c'est là le danger du système héréditaire.

M. GEORGES ROMAIN. — Ce danger n'est qu'apparent ; l'histoire le prouve.

Les Charlemagne, les S. Louis, les Louis XI, les Henri IV, les Louis XIV, sont rares. Heureusement, pour qu'un règne soit glorieux ou utile au pays, il n'est pas nécessaire que le souverain soit personnellement un grand homme. Des ministres peuvent y suppléer ; et dans son intérêt comme dans celui du pays le souverain prend toujours les capacités où elles sont. Louis XIII passe pour avoir été un homme fort ordinaire : il sut choisir Richelieu, qui acheva l'unité de la France. Les rois Georges d'Angleterre et la reine Victoria ont eu Pitt et Canning, Robert Peel et Palmerston. Frédéric-Guillaume est une intelligence médiocre : cela a-t-il empêché le prince de Bismarck de fonder l'empire d'Allemagne? Victor-Emmanuel s'occupe peu de gouvernement : cela a-t-il empêché le comte de Cavour de commencer l'unité italienne, qui plaît tant à certains Français aveuglés? Car je ne considère, bien entendu, ces ministres ennemis de la France qu'au point de vue des capacités, dont il est ici question.

Je pourrais citer cent autres exemples.

Sous la monarchie les capacités se dévouent au pays sans penser à renverser le souverain à leur profit. L'homme de génie fait profiter sa patrie de son talent sans la troubler par son ambition. Loin de détruire l'harmonie entre le peuple et son chef, de briser les traditions du passé, il les concilie avec les besoins du présent et prépare l'avenir sans secousse. Voilà l'avantage du système héréditaire.

UN MEMBRE A GAUCHE. — Votre système héréditaire n'empêche pas les monarchies de tomber tous les vingt ans.

M. GEORGES ROMAIN. — Qu'est-ce que cela prouve ? Que s'il y a quelque chose de mauvais dans les monarchies, ce sont les républicains qui les renversent ; ce sont les rêveurs ou les intrigants qui visent à la fortune aux dépens de la paix et du bonheur de leur patrie. Supprimez ces perturbateurs, la monarchie dure. Mais qu'ils viennent reprocher à la monarchie d'être tombée sous leurs coups, c'est trop fort ! L'assassin lui-même ne bafoue pas sa victime ; il se contente de l'avoir tuée et dépouillée. Depuis quatre-vingts ans, si la monarchie ne dure pas en France, si elle ne peut continuer à nous donner la stabilité qui lui est propre et la prospérité qui en est la conséquence, nous le devons aux révolutionnaires de tout rang et de toute condition qui ont travaillé à son renversement pour recueillir sa succession.

Qu'en conclure ? C'est que tous les hommes sensés doivent se liguer désormais pour barrer le chemin aux révolutionnaires. Ils doivent se dire que quand la monarchie aurait quelque tort ou commettrait quelque faute, les révolutionnaires n'étant pas plus infaillibles ni plus vertueux, tant s'en faut, ils peuvent en commettre de plus graves. On n'a à gagner au changement que les horreurs de la guerre civile, la ruine périodique du commerce et de l'industrie, le décousu de notre politique, etc.

Et puis où sont donc les grands hommes ou seulement les hommes utiles de la révolution ou de la République en France ? Que ceux qui trouvent que la monarchie en est pauvre, me citent, depuis 1789, un homme honnête et intelligent, dans toute la force des mots, qui ait fait un bien réel à la France, en dehors de la monarchie. Nommez-moi une seule liberté née de la République qui n'ait pas dégénéré en licence, amené la persécution de ses adversaires, sinon leur proscription et leur mort ? Chaque fois que les républicains sont arrivés au pouvoir, ils ont conduit à un état de choses tel que les honnêtes gens ont désiré en sortir, même au prix du despotisme. Citez-moi un seul bienfait, une seule gloire dont le peuple français n'ait joui ou n'eût pu jouir sous la monarchie, et qu'il doive à la République.

De grands mots, des déclamations sonores, des promesses hypocrites, puis le bouleversement et la ruine, voilà ce que le peuple doit aux Rabagas qui s'abattent périodiquement comme des vautours sur la France.

L'avantage du système héréditaire *en lui-même* est donc constant. L'inconvénient qu'on lui reprochait tout à l'heure est inhérent, au contraire, au système électif. Celui-ci est essentiellement le règne de l'intrigue, de l'ambition et le plus souvent de l'incapacité.

Par cela seul que le sort de l'Etat dépend des suffrages de la foule ignorante, l'Etat tombe entre les mains de ceux qui ont su le mieux la tromper en la flattant. Ceux-ci, une fois arrivés au pouvoir, songent avant tout à s'y maintenir. Ils ont toujours à se défendre contre ceux qui, alléchés par leurs succès, veulent parvenir à leur tour. Il en résulte que le peuple est forcément plus mal gouverné par un parvenu que par un Roi légitime. Celui-ci est le père de ses sujets ; son intérêt se confond avec le leur. Celui-là en est l'exploiteur. Il faut qu'il se hâte de jouir et de se faire une position, car demain il peut être renversé, et il l'est toujours en effet.

Le peuple, à qui les révolutionnaires *arrivés* ont promis ce qu'ils savaient bien ne pas pouvoir tenir, s'aperçoit un jour qu'il a été trompé. Il se fâche alors et veut les chasser. Je sais bien que, dans ce cas, ces souverains d'occasion usent des mêmes moyens qu'ils avaient reprochés aux souverains héréditaires. Ils emploient l'artillerie plutôt que de céder la place. Ils trouvent alors, comme Ledru Rollin en 1848, que les pièces de canon n'arrivent pas assez vite de Vincennes. Il est probable qu'en pareilles circonstance l'honorable M. Gambetta n'hésiterait pas non plus à employer les mêmes arguments contre les radicaux de Paris, de Lyon, de Marseille ou d'ailleurs.

Je suis sûr qu'il aurait la loyauté de l'avouer s'il ne croyait avoir encore besoin de ces pauvres gens.

Je crois avoir répondu à toutes les objections qui m'ont été adressées.

J'arrive aux raisons qu'il y a, selon moi, de préférer en France la monarchie à la République.

La première, c'est que la France honnête et éclairée est profondément monarchique.

La seconde, c'est qu'en France ceux qui s'intitulent républicains sont faits en général pour éloigner de la République.

La troisième, c'est que les honnêtes gens qui, depuis un an, s'y sont ralliés plus ou moins ne forment pas un élément sérieux ni suffisant pour fonder un gouvernement nouveau et durable.

La quatrième, c'est que la République nous isole en Europe comme des lépreux, et nous enlève tout espoir d'alliance importante.

Je conclus qu'il est urgent de ne pas laisser créer en France un parti républicain *parmi les honnêtes gens*. Il préparerait de nouveaux et plus graves déchirements dans l'avenir. Or la véritable politique, en parant aux difficultés présentes, doit surtout envisager l'avenir.

Je dis, premièrement, que la France est profondément monarchique : elle l'a prouvé en nommant, il y a dix-huit mois, cette Assemblée, la plus librement élue qui ait jamais existé, l'expression la plus sincère et la plus spontanée du véritable sentiment national. Il y a dans ce fait toute une démonstration sans réplique en faveur de ma thèse.

En 1848, plutôt que de subir la République, on avait préféré au général Cavaignac, honnête homme et républicain sincère, qui venait de comprimer l'insurrection, l'histrion de Boulogne, qui devait être plus tard la cause de notre abaissement et de nos désastres.

Je ne veux pas dire qu'il n'y ait pas eu dès lors quelques républicains honnêtes et convaincus; mais c'étaient des individualités en nombre imperceptible, eu égard à la masse. Ce qui formait et ce qui forme encore aujourd'hui le gros du parti républicain, en France, ce ne sont pas des hommes qui aient une conception raisonnée d'une forme quelconque de gouvernement, ce sont des hommes pour qui la République est synonyme de bouleversement et d'anarchie, un moyen d'arriver. C'est là le danger de la République en France. Tous les gens déclassés, avocats sans causes, médecins sans malades, journalistes besogneux, fruits secs de la littérature, financiers en banqueroute, tout cela est toujours républicain. Au-dessous dans l'échelle sociale, les travailleurs qui ne travaillent pas, les vagabonds, les ivrognes, les repris de justice sont tous républicains.

L'affinité est manifeste. Pourquoi? Je vous le laisse à expliquer, mais le fait est là. Tous considèrent la République comme leur gouvernement à eux. Cela se conçoit : chaque fois qu'elle a surgi, les uns ont occupé les emplois, les autres ont été armés, payés à ne rien faire ; ils ont pu se livrer à leurs instincts brutaux et féroces, verser le vin et le sang, toujours jusqu'à ce que des monarchistes vinssent rétablir l'ordre. Cela explique pourquoi on ne voulut pas de la République en 1848, et comment on abandonna l'honnête Cavaignac, malgré l'immense service qu'il venait de rendre, pour le prince Louis-Napoléon.

UN MEMBRE A GAUCHE. — Les esprits ont changé ; la République a fait des progrès ; elle a rendu des services et rallié bien des partisans autrefois hostiles.

M. GEORGES ROMAIN.— Messieurs, pas d'équivoque. Encore une fois les services dont on parle ont été rendus, *sous la République provisoire, par des monarchistes* qui n'en veulent pas à titre définitif. Je défie qu'on prouve le contraire. C'est donc à ces monarchistes que les honnêtes gens doivent se rallier, d'autant plus qu'ils sont plus clairvoyants et plus reconnaissants.

Beaucoup se laissent prendre aux mots, je le sais, et se laissent aller à la routine. Aussi je conviens que la République a plus de partisans à l'heure qu'il est qu'en 1848 et même qu'il y a deux ans. Mais sont-ce là des partisans convaincus et dévoués? Nullement. Il y a là seulement une foule d'indifférents dont les instincts continuent d'être monarchiques, mais qui, vivant depuis deux ans sous la République, continueraient d'y vivre par peur du changement. Ils étaient orléanistes sous Louis-Philippe, bonapartistes sous l'empire ; ils seraient légitimistes demain si Henri V était sur le trône. Je le demande, sont-ce là des républicains? Ils savent si bien ce que sont et ce que valent les républicains proprement dits en France, qu'ils ont soin de dire : « Ce que nous voulons, c'est la République *sans les républicains.* Peut-on faire une plus cruelle critique de la République en France, que celle de ces hommes qu'on voudrait nous représenter comme des républicains eux-mêmes? Mais qu'est-ce qu'une République sans républicains, sinon une monstrueuse anomalie? Ne serait-il pas plus logique et plus simple que des royalistes servissent une royauté? Pourquoi leur demander de se déguiser en républicains? On ne se déguise qu'en carnaval. La République est-elle le carnaval politique de la France? je le crois ; mais il ne peut pas toujours durer; il faut qu'il cesse.

Je maintiens que, malgré l'indifférence ou l'inconséquence de certains hommes versatiles, la France est encore aujourd'hui beaucoup plus monarchique qu'on ne croit. Il ne reste toujours en propre à la République que la clientèle dont j'ai parlé.

La raison en est facile à comprendre.

En Amérique et en Suisse, pays républicains d'origine et par tradition, de mauvais citoyens pourraient seuls travailler au renversement de la République et à l'avénement d'une monarchie à leur profit. Des complices ou des dupes pourraient seuls les aider dans cette tentative.

Eh bien! retournez les rôles ; il en est de même des Français qui, dans la France monarchique, ont sapé depuis un siècle la royauté légitime et tous les gouvernements existants pour en recueillir l'héritage.

UN MEMBRE A GAUCHE. — Il ne s'agit plus de renverser qui que ce soit ni quoi que ce soit. La République existe de fait ; elle est conservatrice ; pour qu'elle soit fondée définitivement il suffit que les royalistes ne lui fassent pas d'opposition.

M. GEORGES ROMAIN. — Nullement, car les républicains se feraient la guerre entre eux.

Quoi qu'il en soit, maintenant que les révolutionnaires ont escamoté le pouvoir, qu'ils ont la forme de gouvernement de leur choix, vous voulez que les royalistes abandonnent leurs convictions, sanctionnent l'escamotage et cèdent humblement à un parti qui leur paraît mener la France aux abîmes ? N'y comptez pas. Leur conscience leur commande d'écarter de la France la forme de gouvernement qui lui a toujours été funeste. S'il ne l'a pas été depuis la défaite de la Commune, je ne cesserai de le répéter, c'est parce que la majorité a gouverné et fait gouverner contrairement aux vues et aux désirs des républicains. Cela est si vrai que leurs journaux jettent feu et flammes contre cette Assemblée et demandent sa dissolution. Ils avouent par là qu'ils eussent gouverné autrement : on le sait bien. Leur attitude et leurs votes à propos de la loi sur l'Internationale et la garde nationale le prouvent. S'ils eussent été les maîtres, la populace qui tirait sur notre armée eût conservé ses armes. Elle pourrait recommencer, tandis qu'elle ne peut plus qu'assassiner des soldats isolés, ce qui malheureusement arrive tous les jours.

Si donc la République actuelle est conservatrice, ce n'est pas aux républicains qu'on le doit. Une République honnête, régulière, les républicains proprement dits sont incapables de la fonder. Ils n'ont jamais abouti qu'à la Terreur en 1793, aux journées de juin en 1848, et à la Commune en 1871. Voilà leur œuvre propre.

Quant aux monarchistes qui ont arrêté et

réparé trois fois l'œuvre stupide et sanglante des républicains, ils ne veulent pas se prêter à onder la République par la raison toute simple qu'ils ne croient pas à cette forme de gouvernement chez nous. Ils ne croient pas qu'il y ait en France un personnel suffisant pour organiser une administration républicaine honnête et capable. Ils ont raison, ce personnel n'existe pas. On ne fonde pas instantanément par un décret des mœurs républicaines; on n'improvise pas un personnel administratif, qui en soit l'expression, dans un grand pays comme la France.

Pourquoi tenter de réaliser ce phénomène d'une génération républicaine spontanée? Pourquoi, avec la certitude d'augmenter nos divisions, tenter de substituer la République à la monarchie?

Du reste les républicains de bonne foi, qui s'arrangent du régime provisoire actuel et proscrivent la monarchie, sont bien accommodants, j'allais dire bien innocents; car le gouvernement actuel n'est, à vrai dire, qu'une monarchie temporaire, mais dans des conditions spéciales qui en font un gouvernement personnel, presque une dictature, appuyée sur l'état de siége, les conseils de guerre, la limitation du droit de réunion et de la liberté de la presse. C'est la faute des républicains, je le sais; ce n'est qu'à cette condition, malheuréusement, qu'on peut revenir en France à une tranquillité relative, quand l'élément républicain a été mis en ébullition. Les perturbateurs sont les plus grands ennemis de la liberté : ils la tuent.

Le retour à la monarchie ne serait donc, quant à la forme, qu'un changement de nom, et quant au fond, elle nous vaudrait le retour aux libertés actuellement supprimées ou suspendues. La légitimité est le gouvernement qui pourrait nous les rendre avec le moins de danger, parce qu'il serait en même temps le signe que le pays est revenu aux idées d'ordre, au principe d'autorité. C'est ce qui faisait dire à Chateaubriand : *La légitimité seule peut regarder la liberté en face.*

Je ne m'explique l'opposition contre la monarchie que de la part des ambitieux, qui y perdraient le pouvoir ou leurs places, ou des dupes, qui se laissent piper par les mots, ou enfin de la part de ceux, en grand nombre, qui sont républicains avant d'être français. Où est la raison de leur engouement pour la forme républicaine, puisqu'elle ne rapporte rien au point de vue libéral ou national ?

Ne demandez donc plus aux monarchistes d'abandonner la monarchie, c'est-à-dire l'enfant de leur cœur et de leurs entrailles, pour la République, c'est-à-dire pour un enfant d'adoption dont les vices physiques et moraux leur répugnent. Ils consentent à admettre à titre transitoire le fait accompli ; mais sanctionner ce fait révolutionnaire leur paraît un acte anti-moral, anti-national. Ce serait absoudre les coupables et remettre encore une fois à un avenir indéterminé le retour aux principes sauveurs.

UN MEMBRE AU CENTRE GAUCHE. — Il est peut-être dans les desseins de la Providence que la monarchie, et surtout la monarchie légitime, disparaisse. Dieu l'a peut-être condamnée en France comme en Angleterre il y a deux siècles. Vous avez avoué qu'un parti républicain sérieux, honnête, commençait à se former en France ; laissez-le se développer.

M. GEORGES ROMAIN. — J'avoue encore qu'un parti d'honnêtes gens commence à se rallier à la République.

Après nos cruels malheurs, il y a dix-huit mois, les esprits droits et logiques, quelles qu'eussent été antérieurement leurs opinions, étaient revenus à l'idée de la monarchie héréditaire et légitime. J'ai entendu moi-même, dans ce sens, des aveux qui m'ont étonné par le nombre et l'opinion antérieure des convertis qui les exprimaient. Je fais à mon tour un aveu, c'est que la tranquillité relative dont nous jouissons depuis ce moment en a fait retomber beaucoup dans leur esprit de routine et leur apathie. Ils laissent aller les choses, comme ce

commerçant qui me disait : « J'ai été orléaniste, puis bonapartiste ; me voilà républicain ;
demain je serai peut-être légitimiste. Peu
m'importe ! pourvu que les affaires marchent,
je serai toujours du gouvernement existant. »
Cet homme, est-il réellement un républicain ?
A mes yeux, c'est un aveugle qui, sans s'en
douter, contribue par son indifférence à laisser
renverser tous les gouvernements et à préparer, *ipso facto*, l'instabilité politique, et par
elle la ruine des affaires, qui sont pourtant son
seul objectif. Ce sont des aveugles comme lui
qui se rallient à la République. Quelle force
lui apportent-ils ? je vous le demande. Aussi
n'ai-je pas qualifié ce parti de sérieux, mais
seulement d'honnête.

Je ne connais pas plus que mon honorable
interrupteur les desseins de Dieu sur la France.
Si je croyais que Dieu eût décidé d'arracher du
sol français la monarchie qui y fleurit tant de
siècles et fit de mon pays la première nation
du monde, je me soumettrais à ses décrets.
Mais à quoi peut-on augurer que telles soient
les vues de la Providence ? L'incapacité et les
mobiles du parti républicain étant donnés, il
faudrait, pour cela, que Dieu eût condamné
aussi la France. Or je crois à la résurrection
de la France. Je crois qu'elle sortira, dans un
avenir peu éloigné, triomphante de la Révolution et victorieuse de ses ennemis. Elle a,

dans sa foi, sa langue, son climat, son intelligence, son esprit militant, tous les éléments
d'expansion, de richesse et de puissance. Ces
dons de Dieu, dans l'ordre physique et moral,
nul ne peut les lui enlever. J'attends son réveil
avec autant de confiance, que ses ennemis,
dès à présent, l'attendent avec crainte.

Mais savez-vous où je commencerais à croire
que Dieu refuse le dévouement, pur d'ambition, du comte de Chambord, et qu'il veut faire
rentrer dans la paix de l'obscurité l'honnête et
auguste descendant de S. Louis et d'Henri IV?
Ce serait si les républicains français avaient
les qualités qui leur manquent : la probité, l'intelligence, le sens gouvernemental, le respect
de la religion, du vrai, du beau et du bien.
Mais là-dessus ils ne me laissent aucune illu-
sion. Si c'étaient des hommes de bonne com-
pagnie, instruits, consciencieux, désintéressés;
s'ils avaient des idées vraiment neuves, utiles,
pratiques, fécondes; si la République, en
France, s'annonçait comme celle des États-
Unis avec le respect de Dieu ou du christianisme, alors des hommes intelligents et patriotes pourraient croire que Dieu a condamné la glorieuse monarchie française, et
veut faire la République son héritière définitive. Mais je le demande, qu'est-ce que font
la République et les républicains en France
pour nous donner d'eux cette bonne opinion?

Aussi quand il serait vrai qu'un parti néo-républicain honnête commence à se former, je n'en tirerais qu'une conclusion, c'est qu'il faut se hâter de sortir de la République pour ne pas lui laisser le temps d'augmenter d'un quatrième parti sérieux le nombre de ceux qui divisent déjà la France. Trouvez-vous que ce ne soit pas déjà assez des trois autres? Trouvez-vous que votre pays ne soit pas encore assez déchiré? Les autres existent; ils sont anciens, vous ne pouvez leur ôter l'existence. Mais en créer ou en laisser créer un nouveau de gaieté de cœur, c'est pour l'avenir une suprême imprévoyance, un suprême aveuglement.

Ceux qui aujourd'hui se rallient à la République conservatrice sont ceux ou ressemblent à ceux qui se rallièrent, en 1851, à Louis-Napoléon. Ils disaient de même alors : L'empire existe; il faut une révolution pour en sortir, soutenons-le. En raisonnant ainsi, ils redonnaient naissance à un parti éteint, le parti bonapartiste. Ils ne voyaient que le moment présent, sans s'occuper de l'avenir. L'avenir est venu, c'est l'heure présente. Les impérialistes, séparés du grand parti monarchiste, sont un élément de plus de division dans notre malheureuse patrie. N'aggravez pas nos chances futures de discordes en laissant naître un parti républicain honnête. Quand vous aurez payé la rançon de la France, terminé sa réorganisation, rompez résolûment avec cette forme provisoire de gouvernement que nous avaient imposée les hommes du 4 septembre, et que vous n'avez acceptée que comme une tente, en attendant l'édifice qui doit abriter l'avenir de la France.

La haute personnalité de M. Thiers atténue en ce moment les dangers du provisoire. Mais que M. Thiers descende demain dans la tombe, quel homme ou quelle institution est là pour le remplacer? Rien, personne! L'inconnu avec ses hasards. Et vous ne tremblez pas de cet état précaire de la France, dont la vie est suspendue à la vie d'un homme? Je sais bien que, grâce aux royalistes de cette Assemblée, la populace n'a plus ni fusils ni canons. Je sais bien que l'armée, réorganisée et disciplinée, maintiendrait l'ordre matériel; je sais bien que la présence de certains généraux est une sécurité. Mais tout cela c'est de la force et de la compression, force légitime et compression du mal sans doute; c'est bien pour le présent: cela ne prépare pas l'avenir. Posez-en les assises en retournant à l'hérédité, qui est le principe de la stabilité.

Faites comprendre au peuple, trompé par ses flatteurs, que le système républicain est, en lui-même, une cause permanente de perturbation et de ruine au dedans, et d'isolement au dehors. Avec un système qui, tous les trois ou quatre ans, remet à la foule la nomination de tous les pouvoirs, le pays est sans cesse en ébullition. Chaque élection est le rendez-vous de toutes les ambitions et de toutes les intrigues. Chaque parti saisit cette occasion de remettre sur le tapis les questions qui n'ont pas été résolues selon ses vœux. Une année avant et une année après, le pays est troublé, les capitaux sont inquiets, les affaires nulles, les ouvriers chôment Les ennemis profitent de ces perturbations et de ces divisions périodiques. C'est la royauté élective qui a amené le partage de la Pologne; car ce régime, funeste à l'intérieur, l'est encore à l'extérieur.

UN MEMBRE A GAUCHE. — La France républicaine n'a pas à craindre les nations étrangères et n'a pas besoin de leur alliance. Seule elle peut les braver. Ils le savent, et c'est pour cela que les trois empereurs se sont réunis à Berlin. C'est la peur de la République qui les a rapprochés.

M. GEORGES ROMAIN. — Grand merci du service que la République nous a rendu là! Pour moi, j'en tire une conclusion tout autre. Si la République a rapproché les trois empereurs, sortons-en vite pour ramener à nous les alliés qu'elle a donnés à la Prusse, notre mortelle ennemie désormais. C'est le cri du bon sens.

Ne nous laissons pas prendre à l'utopie s

répandue aujourd'hui et digne du cerveau fêlé de M. Victor Hugo, que les peuples, à l'exemple des Français, se délivreront de leurs gouvernements et nous tendront la main. S'ils chassaient leurs souverains légitimes, l'expérience leur prouverait bientôt, comme à nous, que c'est pour leur propre malheur. Ne commençons pas par nous faire du mal, dans l'espoir d'en faire à nos voisins. Les peuples, d'ailleurs, notamment en Allemagne, nous sont peut-être plus hostiles que leurs gouvernements ; ne nous leurrons donc pas des déclamations creuses sur la prétendue fraternité des peuples.

Visons, je le répète, à détacher de la Prusse les alliés que la République lui a donnés. Pour cela débarrassons-nous de celle-ci.

Sans opérer une pression quelconque sur la volonté populaire réelle, le gouvernement doit éclairer le peuple, lui faire comprendre les raisons qui militent en faveur de l'hérédité. Au lieu de suivre le préjugé il doit le combattre. Il doit changer l'orientation de sa politique, s'appuyer sur la portion honnête et éclairée du pays, non sur la portion révolutionnaire, ignorante ou brouillonne.

AU BANC DU GOUVERNEMENT. — C'est ce que nous faisons.

M. GEORGES ROMAIN. — Dans une certaine mesure, oui ! mais il s'en faut de beaucoup que cé soit complétement. Ce n'est pas ce que vous avez fait en déclarant que vous feriez pencher la balance du côté de la République. M. Thiers déclarait il y a un tiers de siècle que l'expérience de la République était faite et décisive ; qu'elle conduirait toujours, en France, à la violence ou à l'imbécillité. Il semblait, après cela, qu'il devait rester loyalement neutre entre elle et la monarchie, comme le pacte de Bordeaux le lui commandait.

AU BANC DU GOUVERNEMENT. — Il faut bien à la France un gouvernement. Puisque les partis monarchiques ne s'entendent pas, il fallait en fonder un en dehors d'eux.

M. GEORGES ROMAIN. — D'abord, en fonder un définitif n'était pas l'affaire du gouvernement, c'était et c'est la nôtre. Le gouvernement n'est que notre délégué, nous sommes les représentants du pays, ses fondés de pouvoir.

Ensuite si la fusion n'est pas faite, à qui la faute ? Le gouvernement oserait-il prétendre qu'il n'y est pour rien ? Et puis le comte de Chambord, chef de la maison de Bourbon, ne pouvait aller au-devant des princes d'Orléans ; c'était à ceux-ci à venir à lui.

AU BANC DU GOUVERNEMENT. — Ce n'est pas notre affaire.

M. GEORGES ROMAIN. — Peut-être. On pèche par omission aussi bien que par action. Si M. Thiers eût employé son immense talent et

son influence à conseiller la fusion, à y préparer les esprits, tout en maintenant la République
à titre provisoire comme il le devait ; s'il eût
fait comprendre au comte de Paris où étaient le
devoir et l'intérêt du pays, la fusion serait faite.

Rien n'était plus facile à M. Thiers.

Après le vote du 8 février 1871 et la défaite de la Commune, avec l'appui de la majorité de cette Assemblée, il était tout-puissant.
La belle conduite des légitimistes pendant la
guerre (conduite avouée par M. Gambetta
lui-même) avait déjà fait tomber bien des préventions contre eux. Il fallait savoir s'élever
au-dessus des préjugés qui pouvaient rester encore, les dissiper au lieu de paraître les partager pour satisfaire des vues ou des amitiés
personnelles.

Au lieu de dire :

« La royauté héréditaire est, en elle-même,
« un gage de stabilité et de prospérité ; mais
« celui qui en est le légitime représentant est
« impopulaire malgré ses qualités incontes-
« tables, donc il faut l'abandonner. »

Il fallait dire :

« Les malheurs de la France, depuis un
« siècle, viennent de l'instabilité de ses gou-
« vernements et de l'abandon du principe
« héréditaire ; donc il faut revenir à ce prin-
« cipe. Il est vrai que celui qui en est le repré-
« sentant est impopulaire parmi les classes

« ignorantes et révolutionnaires ; mais c'est à
« tort. Donc il faut éclairer l'opinion publique
« sur son compte, et elle le rappellera. »

Pour tenir ce raisonnement, il ne fallait que
du bon sens et du cœur ; pas d'antécédents ou
d'amitiés contraires, et la France était sauvée
en rentrant dans ses voies. Le terrain était
alors merveilleusement préparé pour que le
moindre effort de M. Thiers en ce sens eût
eu un plein et facile succès. Il eût rallié tous
les esprits droits, élevés, patriotes. Les révolutionnaires, déjà vaincus, eussent été décou-
ragés. Nous eussions reconquis l'estime et la
confiance de l'Europe.

Malheureusement, qu'on me permette de
le dire, M. Thiers, par les préjugés de son
éducation, par ses antécédents anti-légitimistes, par ses habitudes d'opposition, n'était
pas l'homme qu'il fallait pour voir les choses
de cette hauteur. Homme d'affaires éminent,
esprit fécond en ressources, grand ministre,
grand financier, grand militaire même, si l'on
veut, il nous a dit, avec une modestie qui lui
fait honneur, qu'il n'était pas un homme
d'Etat. En effet, il ne croit pas assez à la puissance des principes, il dédaigne trop la force
morale. Il a trop de talent ; il en a tant qu'il
compte exclusivement sur les expédients qu'il
y trouve pour parer à tout. Aussi a-t-il fait à
peu près tout ce qui était matériellement pos-

ible pour réparer le passé. Je crois qu'il a fait
e contrepied de ce qu'il fallait pour préparer
'avenir.

Il passe pour avoir empêché la fusion. En
out cas, au lieu de travailler à réunir deux
artis sur trois, il a travaillé et travaille encore
 en créer un quatrième. Le parti républicain,
ui n'existait pas ou qui était nul, en France,
n dehors des énergumènes et des fous, ou,
our parler comme M. Thiers lui-même, en
ehors des violents ou des imbéciles, lui doit
ujourd'hui la vie. Je ne vois pas en quoi c'est
abile ou avantageux dans le présent ; mais je
ois que cela augmente nos chances de guerre
ivile dans l'avenir, et par suite les chances
'affaiblissement de la France ; peut-être,
élas ! d'un démembrement nouveau, dans le
as de luttes avec l'étranger coïncidant, comme
n 1870, avec une désorganisation au dedans.

A mes yeux, c'était le plus grand crime
u'un Français pût commettre. Pourtant, je le
épète, M. Thiers est un homme éminent, un
rand patriote ; mais sa vue est faussée par les
réjugés de son éducation, par ses antécé-
ents, par ses amitiés personnelles, peut-être
ar l'espoir et l'orgueil d'être le Washington
e sa patrie.

AU CENTRE A GAUCHE. — En tout cas, c'est
ine noble ambition.

M. GEORGE ROMAIN. — Non. Car ce qui était,

de la part du fondateur de l'Union américaine, un trait de génie, de patriotisme et de désintéressement, n'est plus qu'une faute de la part de son imitateur français.

Il n'y a aucune parité entre la situation de l'Amérique du Nord et celle de la France actuelle.

L'Amérique, en se séparant de la métropole anglaise, n'avait plus de gouvernement. C'était un composé de races diverses émigrées. Nul n'y avait un droit particulier au trône ou au commandement. Ce peuple jeune n'avait ni traditions ni mœurs politiques qui le rattachassent à la monarchie. Il pouvait choisir la République ; c'était un élément d'union. Chez nous, au contraire, elle est forcément un élément de division, puisque ses partisans entrent en lutte inévitable avec les partisans de la monarchie qui leur sont antérieurs.

Je maintiens qu'il était plus simple, plus patriotique de préparer les esprits au retour de la monarchie. Officiers, bourgeois, financiers, commerçants, ouvriers même disaient tout haut, je l'ai entendu cent fois, que c'était la solution naturelle de la situation. M. Thiers n'eût eu qu'un mot à dire pour fondre en un seul les deux partis légitimiste et orléaniste ; le bonapartisme méprisé eût été oublié, le parti républicain s'était avili plus encore par les horreurs de la Commune ; l'ordre moral et l'ordre matériel étaient rétablis, la patrie était sauvée, nous rentrions dans le concert européen dont nous sommes exclus comme un pestiféré.

Au lieu de cela, voyez les fruits de la politique du gouvernement. La République soi-disant conservatrice est acceptée par les radicaux comme le pont qui doit les conduire au pouvoir. Partout ils relèvent la tête avec audace. Sur sept élections qui ont eu lieu le mois passé, quatre ou cinq sont radicales et deux des élus osent défendre et innocenter la Commune ! Selon M. Louis Blanc, M. Thiers retarde l'avénement de la vraie République, dont il ne fait que garder la place pour empêcher la monarchie d'y arriver. Or si la République de M. Thiers n'est pas la vraie, vous devinez quelle elle est. En effet, les journaux radicaux parlent déjà tout haut d'envoyer les membres de la droite à la nouvelle Calédonie. Ils avouent le projet d'exproprier les propriétaires. Quand on ose avouer et imprimer de ces choses-là, que ne se propose-t-on pas dans son for intérieur ? Que n'oserait-on pas si on avait la force ?

Eh bien ! voilà où la politique de M. Thiers nous a conduits, uniquement à cause de ses préjugés anti-légitimistes.

AU BANC DU GOUVERNEMENT. — Nous ne voulons pas chicaner l'orateur sur la signification des dernières élections partielles et les conclusions qu'il en tire. Selon lui, la fusion eût tout réparé et sauvé la France. Nous répondons qu'à tort ou à raison, la France ne veut pas d'Henri V, qu'il a tout gâté avec son drapeau blanc, et que nous devons respecter la volonté nationale, dont le suffrage universel est l'expression.

M. GEORGES ROMAIN. — Après la manifestation du 8 février 1871, qui reste jusqu'ici l'expression la plus importante, la plus sincère, la plus spontanée de la volonté nationale, le gouvernement n'a pas le droit de dire que la France, à tort ou à raison, ne veut pas d'Henri V. S'il veut dire que les républicains n'en veulent pas, il ne nous apprend rien ; mais c'est l'immense minorité ! Ensuite il s'agit précisément de savoir si c'est à tort ou à raison que certains hommes en France n'en veulent pas. Toute la question est là. Si c'est à tort, le gouvernement est coupable de paraître partager les préjugés de la foule ignorante. Au lieu de suivre le courant d'une opinion injuste, il devait le remonter.

En tout cas, il n'a pas le droit de se retrancher aujourd'hui derrière le suffrage universel dont les dernières élections seraient l'expression. Car c'est lui qui a dirigé l'opinion publique dans ce sens, lui qui est responsable des dernières élections. Il sait bien qu'on fait dire au suffrage universel ce que l'on veut, que celui-ci est une machine aux mains du gouvernement.

En 185o, Napoléon III lui a fait dire : EMPIRE. Par suite de sa politique, M. Thiers lui a fait dire : RÉPUBLIQUE; seulement la logique des républicains y ajoute l'adjectif : RADICALE. Mais M. Thiers lui eût fait dire : MONARCHIE, si, profitant de l'heureux courant d'opinion qui avait suivi la guerre et la Commune, il eût mis son talent et son influence au service de la monarchie héréditaire.

Quand il en serait autrement, il n'en faudrait conclure qu'une chose, c'est que le suffrage universel est un mauvais moyen de s'assurer de la pensée réelle du pays ; ou que cette pensée, variant constamment comme le temps, il n'est plus qu'un baromètre notant ses fluctuations journalières. Mais alors peut-on asseoir sur de telles bases un gouvernement stable ? Un gouvernement, gardien des principes qui assurent la paix et la prospérité de l'Etat peut-il se borner à enregistrer d'un air placide des élections comme celles dont nous parlons ?

Selon les républicains, la République est au-dessus du suffrage universel. On m'accordera que la morale et le salut de la société sont au-dessus des deux. Lorsque le suffrage universel nomme des hommes qui protégent des doctrines comme celles de la Commune, vous êtes averti, comme le mécanicien par le sifflet de la vapeur, que la locomotive gouvernementale va sauter et que le train va dérailler. Alors il faut aviser. Or aviser, ici, consiste à réglementer le suffrage universel de manière à le moraliser.

Cela fera crier les électeurs indignes ou incapables à exclure. Mais depuis quand le chirurgien ampute-t-il un membre malade ou gangrené sans faire crier le patient dont il veut sauver la vie?

Le suffrage universel tel qu'il est organisé, en France, est un retour déguisé à la barbarie; car avec lui, c'est le nombre qui décide de tout. Or qu'est-ce que le nombre, sinon la force brutale? Vous comptez les suffrages au lieu de les peser; et vous verriez là, sérieusement, un progrès? Non, je ne vous crois pas. Exigez de l'électeur des conditions d'âge, de domicile, d'intelligence, de moralité, qui soient une garantie. Puis consultez le pays; alors ce sera l'intelligence et la moralité qui vous répondront, non cette foule ignorante qui obéit comme un troupeau aux insinuations d'une presse qui l'exploite.

J'arrive au drapeau blanc. Suivant un journal, le comte de L..... avait vu l'effet fâcheux produit, sur certains esprits, par la déclaration datée de Chambord. Il avait

écrit au prince pour lui demander si, le drapeau tricolore étant un composé de l'ancien
drapeau blanc de la nation et des couleurs
rouge et bleue de la ville de Paris,il ne pourrait
pas déclarer que,si les Français s'étaient mépris sur son intention, il ne verrait pas de dif-
ficulté à accepter un drapeau qui, après tout,
représente pour lui les couleurs réunies de sa
patrie et de sa ville natale. « Ainsi entendu,
« disait le comte, le drapeau tricolore ne se-
« rait pas un reniement du drapeau blanc. »

La réponse du prince est empreinte de
loyauté et de grandeur.

La voici :

« Le drapeau, mon cher comte, est un
symbole qu'un homme d'honneur, et surtout
un roi,n'est pas libre de changer à son gré. Le
langage que vous m'indiquez eût été habile en
apparence. Un ambitieux l'eût certainement
tenu. Permettez-moi de croire le mien plus
habile encore, par la raison exprimée dans
cette pensée de Mme de Maintenon : *Rien
n'est habile comme une conduite honnête.* Souvent cela ne réussit pas de suite; le fourbe
triomphe et l'honnête homme est méconnu ;
mais le temps amène la réflexion, et chacun
reprend la place qu'il mérite.

« Le drapeau blanc représente la gloire de
la France sous mes aïeux, les seules conquêtes

qui lui soient restées; il représente l'ordre par l'hérédité, l'honneur et la religion.

« Le drapeau tricolore représente la révolution, c'est-à-dire la négation ou le renversement de tout cela. Eh bien, moi, en qui tout cela s'incarne, moi qui suis le principe héréditaire vivant, je ne puis renier le drapeau blanc sans descendre au rang d'un prétendant vulgaire, obligé de flatter les préjugés de la foule pour conquérir sa popularité. Je ne le puis sans compromettre le principe que je représente et qui sera, un jour ou l'autre, le salut de la France. S'il est dans les desseins de Dieu de la sauver, comme j'en ai la foi inébranlable, ce sera par la rupture éclatante, complète, avec tout ce qui est révolutionnaire. Le drapeau blanc proclame très-haut et signifie clairement cette rupture. C'est là son mérite.

«Maintenant, que les Français m'appellent ou non, c'est leur affaire. Pour moi, j'obéis à ma conscience. La Révolution est la source et l'origine des convulsions de ma patrie depuis bientôt un siècle; je repousse le drapean de la Révolution. Par là, je crois être patriote et logique. Je plains ceux qui ne me comprennent pas.

« Je n'ambitionne, dans le pouvoir, que la faculté de relever mon pays. Je ne puis accepter le trône à des conditions qui, à mes yeux, le déconsidéreraient d'avance. Pas de pacte avec le mal et le faux, n'importe à quel degré. La honte de ce temps c'est ce fatal esprit de transaction mal entendue qui enhardit les sots et les pervers.

« Je voudrais les décourager par une rupture éclatante. Ce serait facile si les honnêtes gens voulaient me suivre. La preuve que mon drapeau est bien le meilleur, et par conséquent le leur, c'est que c'est celui qui est le plus attaqué par tous ceux dont ils doivent se défier. C'est à eux de comprendre cela, et d'agir en conséquence.

« Croyez, mon cher et vieil ami, à mes sentiments pour vous.

« HENRI. »

Lucerne, 12 novembre 1871.

Il est inutile, je crois, de rien ajouter à cette lettre. Comme le prince, je plains ceux qui ne la comprendraient pas. Mais qu'un homme d'Etat ne comprenne pas l'élévation des sentiments, la justesse des pensées qu'elle exprime, cela me passe.

UN MEMBRE A GAUCHE. — Nous ne voulons pas du comte de Chambord ; avec lui il n'y aurait de liberté que pour les dévots. Il a les idées d'un autre âge ; il est étranger aux besoins de la société moderne, aux questions économiques et sociales qui sont à l'ordre du jour.

M. GEORGES ROMAIN. — Ce sont là autant d'accusations injustes et de préjugés sans fondement. Un républicain sincère, M. Charles Didier, qui avait eu l'occasion de voir à Frohsdorf le comte de Chambord et d'avoir plusieurs entretiens avec lui, a rendu hommage, dans une brochure impartiale, aux qualités du prince, à ses vues élevés, au soin avec lequel il se tient au courant de toutes les questions qui intéressent son temps et son pays.

Un mot d'abord sur les préventions incroyables qu'on a au sujet des sentiments religieux du prince. Ces sentiments, je l'avoue, sont une des raisons qui m'attirent vers lui. Peut-être ai-je sur le mérite de la religion des idées un peu vieilles ; elles étaient, en effet, celles de Bossuet et même de Platon. Les idées des radicaux sur ce point sont plus neuves, ce sont celles de MM. Mottu et Bonvalet. Mais je persiste à préférer Bossuet et Platon. Avec eux je vois dans la religion une garantie de probité et de vertu rares de nos jours et qu'on ne trouve guère en dehors de l'esprit chrétien. Aussi, je serais protestant, juif, ou voltairien, que je serais encore pour le prince dans l'intérêt du relèvement moral de mon pays. Je désirerais encore son avénement, parce que l'esprit tolérant, éclairé du prince est connu. Je sais que sous son règne rien ne me contraindrait de partager sa foi.

Ferme sur les principes, comme l'Eglise elle-même, il est d'une grande prudence, d'une grande mansuétude dans l'application. Il sait, comme Montesquieu, *que la force de la religion vient de ce qu'on la croit, tandis que la force des lois humaines vient de ce qu'on les craint.*

Si vous ne croyez pas à la religion, en effet, vous avez la triste faculté de vous moquer d'elle, de l'insulter même, et assez de gens en usent, on en conviendra. Le comte de Chambord sait que l'emploi de la force en matière de religion ne ferait que des hypocrites. Il sait que l'Eglise, société exclusivement spirituelle, n'a d'action sur l'homme que par la parole et la persuasion.

UN MEMBRE A GAUCHE. — Elle a souvent employé la coercition et voudrait nous y ramener.

M. GEORGES ROMAIN. — Jamais l'Eglise, ne l'a employée et n'a pu l'employer. Ses ennemis ou leurs dupes n'ont pu le dire ou le croire que par ignorance ou dans un but de calomnie. La nature exclusivement spirituelle de l'Eglise s'y oppose. Jamais le clergé, jamais un prêtre, en tant que prêtre et à moins qu'il n'ait eu, comme le Pape à Rome, un pouvoir temporel en même temps que spirituel, n'a eu ni pu avoir entre ses mains, non-seulement un glaive, mais les clefs d'une prison. Quand la coercition a été employée en matière religieuse, ç'a été PAR LA SOCIÉTÉ CIVILE, qui croyait devoir mettre son bras au service de l'Eglise, *dans l'intérêt de l'Etat* intéressé au maintien de la religion et de la morale dont l'Eglise était la gardienne.

On dit que l'Eglise voudrait nous ramener là aujourd'hui. Franchement en a-t-on peur ? Est-ce bien là la tendance de la société actuelle ? Le prétendre ce serait crier au feu pendant le déluge. Il n'y a plus que les communeux qui emploient la coercition. Ils l'exercent sur les prêtres et les otages qu'ils fusillent, comme à la rue Haxo ou à la Roquette, et sur les religieux qui leur servent de cible, comme à Arcueil.

Tant mieux si le comte de Chambord est un chrétien sincère et convaincu. La moralité de son règne y gagnerait. Nous en avons besoin. On ne verrait plus sur le trône ou sur les marches du trône les scandales qui l'ont sali sous l'empire, sous la monarchie elle-même, mais surtout sous nos trois Républiques.

Quant aux incrédules, ils n'ont rien à craindre. Ils continueraient d'avoir le triste droit de manger de la charcuterie le vendredi-saint, comme le sénateur Sainte-Beuve, de ne croire à rien qu'à la Bourse et à la cuisine, puis de se faire enfouir comme les solidaires et les chiens après leur mort. Ils pourraient continuer à mettre Garibaldi, qui ne veut plus de la papauté, au-dessus de Charlemagne, qui l'avait faite indépendante.

Vous voyez qu'un républicain, qui doit vouloir la liberté pour tout le monde, aurait la sienne assurée au point de vue religieux, même sous un roi dévot. Il n'aurait pas, sans doute, le droit d'empêcher les autres de pratiquer leur religion ; mais il lui serait loisible de n'en avoir aucune lui-même. C'est tout ce qu'il peut raisonnablement demander.

J'arrive à la question sociale et économique.

La question fondamentale des temps modernes est plus sociale encore que politique. Sous la République ou sous la monarchie la question sociale se posera. Là est le problème de l'avenir. Si le socialisme a un côté égoïste et monstrueux qui est malheureusement celui par lequel il plaît aux masses intéressées, il contient toutefois, comme toutes les doctrines, une portion de justice et de vérité à laquelle il faut donner satisfaction.

On ne fait pas attention que ce qu'il a de légitime et de juste est ce qu'il a emprunté au christianisme, à savoir : l'idée fondamentale de l'égalité des hommes devant Dieu et devant la loi, et de la fraternité des hommes entre eux. L'application pratique, équitable de ces principes, voilà la question à résoudre. Elle est délicate, complexe, ardue, car elle embrasse toutes les classes de la société, tous les intérêts rivaux. Pour la résoudre pacifiquement, il faut obtenir le sacrifice en haut, la patience en bas, la justice partout. Il faut sauvegarder la paix sociale au milieu des conflits inévitables. Encore une fois ce problème est formidable. La religion seule pourra en faciliter la solution en rappelant au riche l'obligation chrétienne du sacrifice, au pauvre l'obligation chrétienne de la résignation, à tous l'observation de la charité. Hors de là on ne fera rien que s'entretuer.

Peu d'hommes, et probablement aucun prince, n'a étudié comme le comte de Chambord les questions économiques à l'ordre du jour. Sa lettre du 20 avril 1865 est une preuve de l'intérêt paternel qu'il porte notamment aux classes ouvrières et à tout ce qui les touche. Elle est une réponse aux insinuations, aux préjugés ou aux calomnies qui le représentent comme un homme étranger aux besoins et aux questions du temps présent. Écoutez plutôt :

« La royauté a toujours été la patronne des
« classes ouvrières. Les *Établissements* de
« Saint-Louis, les *Règlements* de métiers, le
« système des corporations en sont la preuve.

« C'est sous cette égide que l'industrie fran-
« çaise a grandi et qu'elle est parvenue au dé-
« gré de prospérité et de renommée qu'elle
« avait en 1789.

« Qu'avec le temps et à la longue les insti-
« tutions aient dégénéré, que des abus s'y
« soient introduits, nul ne le conteste.

« Louis XVI... avait porté ses vues sur les
« améliorations nécessaires ; mais les écono-
« mistes qu'il consulta servirent mal ses in-
« tentions paternelles.... L'Assemblée consti-
« tuante ne se contenta pas..... de donner
« plus de liberté à l'industrie, au commerce et
« au travail ; elle renversa toutes les barrières,
« et, au lieu de dégager les associations des
« entraves qui les gênaient, elle prohiba
« *jusqu'au droit de réunion* et la *faculté de con-*
« *cert et d'entente.*

« La liberté du travail fut proclamée, mais
« *la liberté d'association fut détruite du même*
« *coup.* De là cet individualisme *dont l'ouvrier*
« *est encore aujourd'hui la victime.* Condamné
« à être seul, la loi le frappe s'il veut s'entendre
« avec ses compagnons, s'il veut former, pour
« se défendre, pour se faire représenter, une de
« ces unions *qui sont de droit naturel...* et que
« la société devrait *encourager en les réglant.*»
Après avoir continué d'esquisser le mal, le
prince ajoute :

« Quant aux remèdes, voici ceux qu'indi-
« quent les principes et l'expérience :

« A l'individualisme opposer *l'association ;*
« à la concurrence effrénée, le contre-poids de
« la défense commune ; au privilége industriel,
« *la constitution volontaire et réglée des corpo-*
« *rations libres.*

« Il faut rendre aux ouvriers *le droit de se*

« *concerter*, en conciliant ce droit avec *les im-*
« *périeuses nécessités de la paix publique, de la*
« *concorde entre les citoyens et du respect des*
« *droits de tous.* . . . .
. . . .

« En un mot ce qui est démontré, c'est la
« nécessité d'associations volontaires et libres
« des ouvriers pour la défense de leurs inté-
« rêts communs. Il est naturel qu'il se forme
« dans ces associations, sous un nom quel-
« conque, des *syndicats*, des *délégations* qui
« puissent entrer en relations avec les patrons
« ou syndicats de patrons pour régler à l'a-
« miable les différends relatifs aux conditions
« du travail et notamment au salaire..... La
« paix et l'ordre sortiront de ces délibérations
« où, selon la raison et l'expérience, figu-
« reront les mandataires les plus capables et
« les plus conciliants des deux côtés.

« L'autorité publique n'aura rien à craindre ;
« car, en sauvegardant les droits d'autrui, elle
« maintiendra les siens..... Toute réunion
« devra être accessible aux agents du pou-
« voir, etc., etc. »

On voit par ce court extrait à quel point les
révolutionnaires ont caché ou travesti le ca-
ractère et les sentiments du comte de Chambord. On a peur qu'il ne soit connu et appré-
cié. Pour l'empêcher tout est bon : « Mentez,
calomniez, disait Voltaire, il en restera toujours

quelque chose. » C'est la tactique des révolutionnaires lorsqu'ils n'ont pas la force à leur disposition. Ils flattent sans cesse le peuple ; mais les classes ouvrières n'ont rien à attendre d'eux, ni même de la République soi-disant conservatrice.

Ennemie des cours et du luxe, elle est par elle-même défavorable aux arts, à l'industrie et au commerce. Par les désordres qu'elle entraîne toujours en France et qu'elle y prépare en ce moment, elles les ruine. Elle a fait, depuis deux ans, émigrer nos meilleurs ouvriers, nos meilleurs contre-maîtres en tout genre. Effrayés de l'instabilité qui est toujours le fruit de la République chez nous, ils ont été chercher à l'étranger une position et une sécurité que la France ne leur offrait plus. Le besoin ou l'intérêt de leurs familles les a exilés de leur patrie. Le nombre de ces victimes de la République est immense. Qu'on n'invoque donc pas le sort des ouvriers en faveur de la République ; elle leur est contraire.

Je crois avoir exposé les principales raisons qui doivent nous faire rejeter la République et revenir à la monarchie héréditaire.

La République en France, c'est l'envie, l'ignorance et l'anarchie ; c'est l'ambition, la course aux places et aux emplois ; c'est le parti de la populace et des badauds ; c'est, selon Voltaire, *la tyrannie de la vile multitude.*

L'orléanisme isolé, ce serait l'intrigue et l'expédient d'un nouveau 1830.

Le bonapartisme, c'est la honte et l'abaissement de la France.

La légitimité, c'est le grand principe de l'hérédité ; c'est l'honneur et la gloire dans le passé, l'espérance dans l'avenir, le règne du droit et de la religion.

Représentants de la France, voulez-vous le retour à l'ordre moral dans les esprits et, par lui, à l'ordre matériel dans la rue ? Votez pour la royauté héréditaire et maintenez-la désormais.

Voulez-vous que la confiance renaisse, que les affaires reprennent tout leur essor ? Votez pour la royauté.

Voulez-vous que la France se relève, que l'Europe vous respecte et recherche votre alliance ? Votez pour la royauté.

Voulez-vous avoir pour roi un honnête homme qui aime sincèrement le peuple, au lieu de jongleurs qui font des phrases pour l'exploiter ? Votez pour Henri V.

Au contraire tenez-vous seulement à appeler le chef du gouvernement, *Président* au lieu de *Roi ?* Votez pour la République.

Trouvez-vous qu'il n'y ait pas assez de partis monarchistes en France ? Votez pour la République.

Voulez-vous que la France, de plus en plus divisée, ait le sort de l'Espagne ou de la Pologne ? Votez pour la République.

Paris. — Imp. Jules Le Clere et Cie, rue Cassette, 29.

9 782012 461505